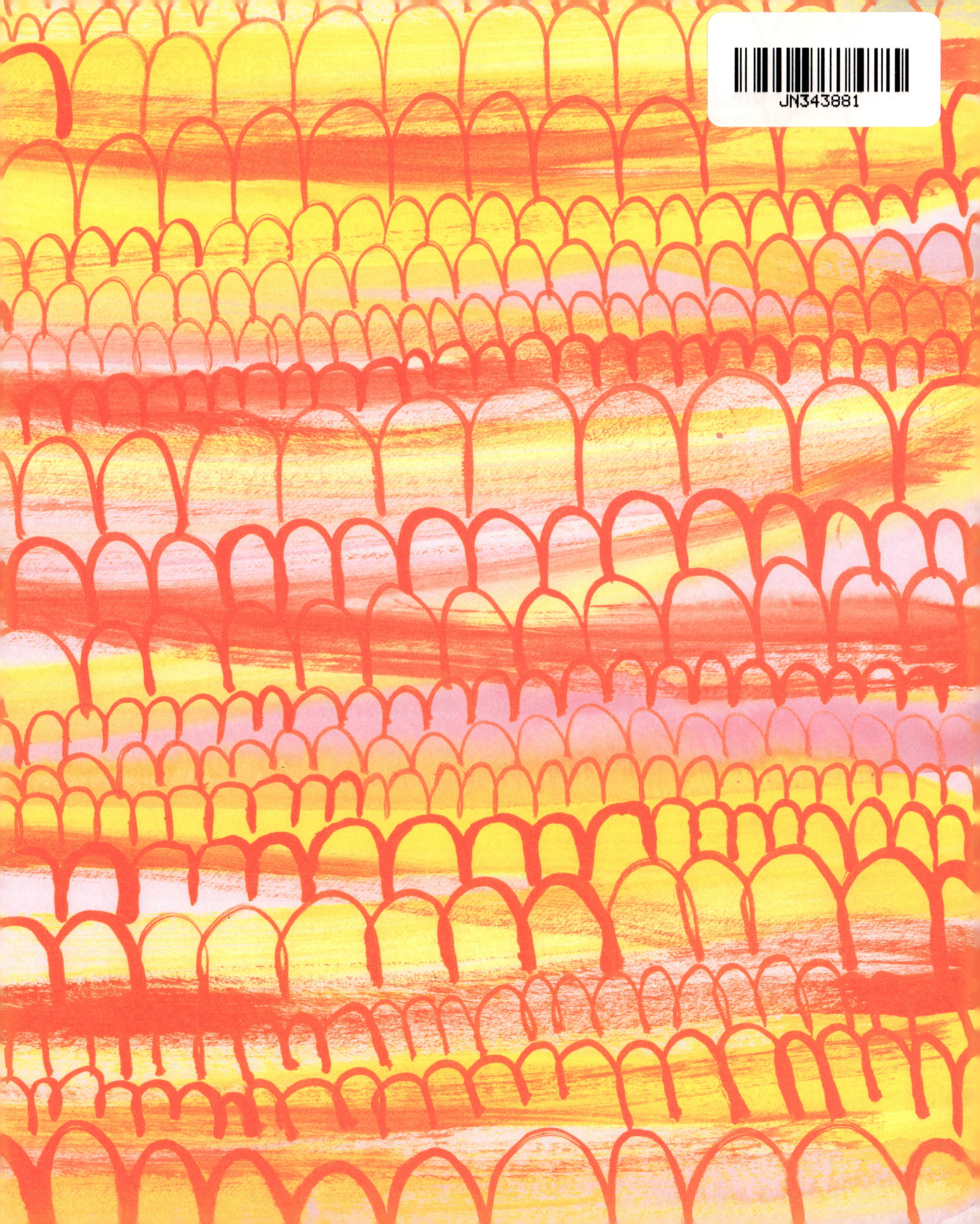

글 신동경

춘천에서 태어났습니다. 서울대학교 독어교육과를 졸업하고 한신대학교 신학대학원에서 공부했습니다. 출판사에서 어린이책 편집자로 일하며 과학 그림책과 자연 생태 그림책을 여러 권 만들었습니다. 지금은 과학책을 읽으며 느낀 즐거움과 감동을 어린이들에게 전하는 글을 쓰며 지냅니다. 쓴 책으로 《나는 138억 살》, 《공정 무역, 행복한 카카오 농장 이야기》, 《물은 어디서 왔을까?》, 《찌릿찌릿 전자랑 달려 봐》, 《공룡 X를 찾아라》, 《단위가 사라졌다》 들이 있습니다.

그림 정문주

서울에서 태어나 지금은 일산에서 삽니다. 그림 그리는 일이 좋아서 오랫동안 어린이책에 그림을 그리고 있습니다. 최근 그린 책으로는 《빈곤》, 《전기수 아저씨》, 《곰팡이 보고서》, 《유통기한 친구》 들이 있습니다.

나는 태양의 아이

신동경 글 | 정문주 그림

야! 비켜! 어서 비키란 말이야!
아무리 크게 소리 질러도
아무리 뚫어져라 바라보아도
강아지는 움직이지 않아.

강아지를 힘껏 밀어 봐.

이제 움직이지?

네가 강아지를 움직이게 했어.

너의 몸에 있는 에너지를 썼기 때문이지.

에너지가 뭐야?

강아지를 움직이게 한 너의 힘, 그게 바로 에너지야.

에너지가 없으면 아무것도 움직이지 못해.

봐, 밀지 않아도 잘 내려가잖아?
하지만 올라가지 않으면 내려올 수 없어.
올라갈 때는 네 몸의 에너지를 써야 해.
그래서 내려오는 건 신나지만 올라가는 건 힘들어.

엘리베이터를 타고 올라가면 하나도 힘들지 않잖아?
그래? 그럼 계단으로 걸어서 올라가 봐.

힘들지? 계단을 올라갈 때 에너지를 쓰기 때문이야.

엘리베이터는 전기로 움직여. 전기가 네가 할 일을 대신 한 거야.

무슨 일 말이야?

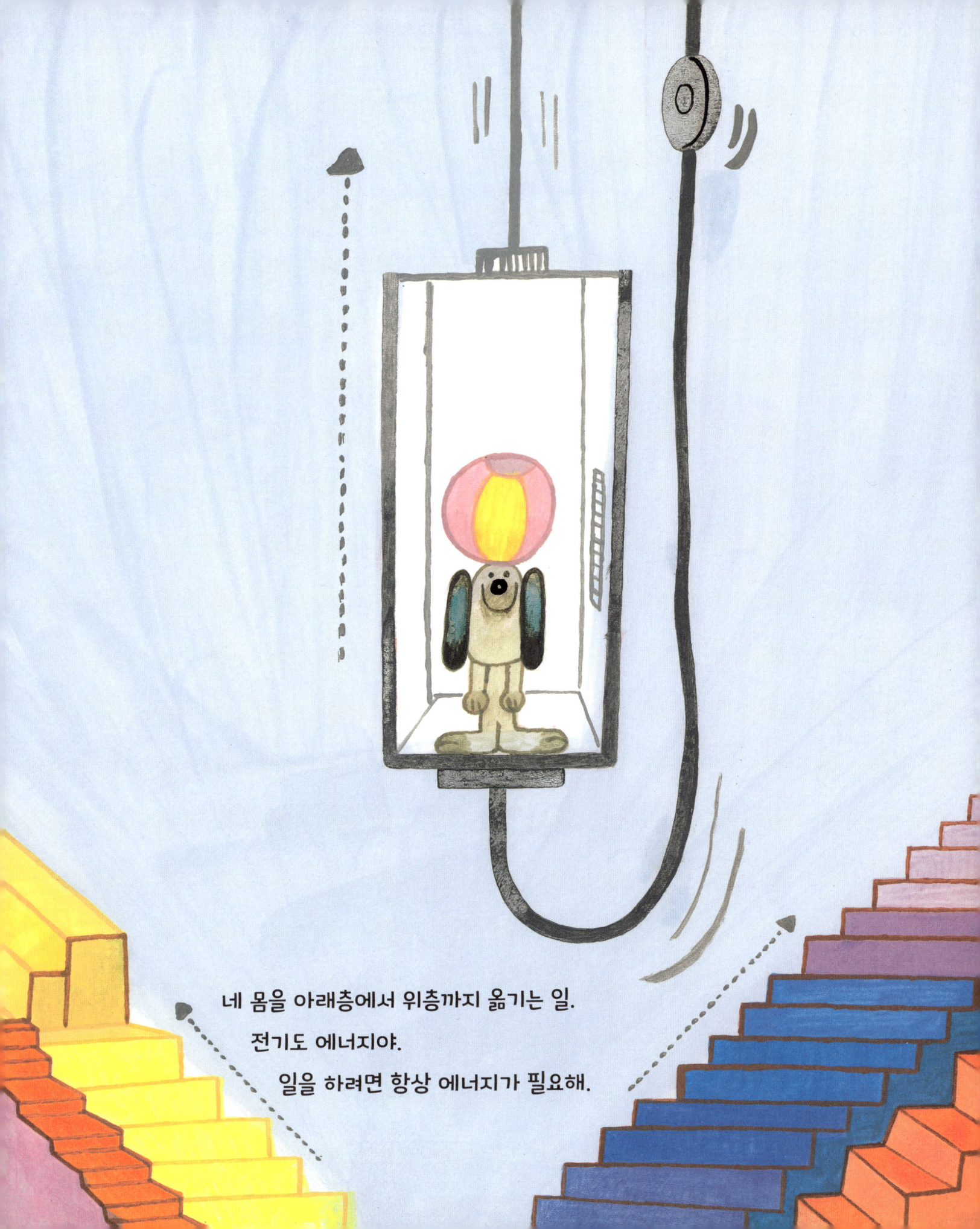

네 몸을 아래층에서 위층까지 옮기는 일.
전기도 에너지야.
일을 하려면 항상 에너지가 필요해.

뻥! 공을 차는 너, 쌩! 날아가는 공,
공을 쫓아 달리는 강아지, 강아지의 콧잔등을 스치는 바람,
움직이는 것에는 모두 에너지가 들어 있어.
이 에너지는 모두 한곳에서 온 거야.
거기가 어딘데?

그건 바로 태양이야.

태양은 엄청나게 크고 무지무지 뜨거운 불덩어리야.

태양은 사방으로 빛을 보내지. 그 빛이 에너지야.

빛이 에너지라고?

너에게 그 빛이 닿으면 몸이 따뜻해.

햇빛이 에너지라서 그런 거야.

네 몸을 따뜻하게 하는 햇빛은 공기도 데워.
따뜻한 공기는 하늘로 올라가지.
그 자리를 채우려고 찬 공기가 몰려들면 바람이 생겨.
태양의 에너지가 바람이 된 거야.
팔을 활짝 벌리고 바람에 몸을 맡겨 봐.
바람의 에너지가 널 미는 걸 느낄 수 있어.
와! 날아갈 거 같아!

세찬 바람이 발전기의 날개를 돌리면 전기가 생겨.
바람이 전기가 된 거야.
전기는 전선을 타고 너의 집까지 흐르지.
딸깍, 스위치를 누르면 선풍기에서 시원한 바람이 나와.
바람이 전기가 되었다가 다시 바람이 되었어!
이건 모두 태양에서 시작된 거야.

바람을 일으키는 태양은 물도 데워.
그러면 물이 수증기가 되어 하늘로 올라가 구름이 되지.
구름은 바람을 타고 지구 곳곳으로 흘러가 비가 되어 내려.
비는 또 뭐가 돼?
빗방울이 모이고 모여 시냇물이 되었다가 강이 되어 흐르지.
태양의 에너지가 흐르는 물이 되었어.

흐르는 물에는 에너지가 있으니까
일을 할 수 있어.
물이 무슨 일을 하는데?

흙과 바위를 깎아서 땅의 모습을 바꾸고,
물레방아를 돌려 곡식을 빻을 수도 있지.
댐을 만들어 흐르는 물을 가두었다가
다시 흘려 보내면 전기를 만들 수 있어.
엘리베이터를 움직이는 전기도 이렇게 만든 거야.
이것도 태양에서 시작된 거야.

물이 있는 곳에는 식물이 살아.
식물은 물과 공기로 영양분을 만들어.
식물은 태양의 에너지를 붙잡아서 이 일을 하지.
그럼 식물의 잎과 줄기와 뿌리와 열매에
태양 에너지가 담겨. 태양의 에너지를 붙잡는 건
식물만 할 수 있는 신기한 재주야.
모닥불을 쬐면 햇빛을 쬘 때처럼 따뜻해.
나무가 탈 때 그 속에 담긴 태양 에너지가
빠져나오는 거야.

동물에게는 태양 에너지를 붙잡는 재주가 없어.

그럼 동물은 어떡해?

동물은 식물을 먹지. 그럼 태양 에너지가 동물에게로 옮겨 가.

육식 동물은 초식 동물을 잡아먹어서 태양 에너지를 얻어.

그렇게 해서 지구에 갖가지 생물들이 가득 차게 된 거야.

태양이 없었다면 불가능한 일이지.

태양이 기른 쌀을
태양에서 온 에너지로 빻아서
네 손으로 조물조물 빚은 다음
태양 에너지로 찌면 맛있는 떡이 돼.
맛있겠다!
꿀꺽, 떡을 삼킬 때, 넌 태양을 먹는 거야.

네가 삼킨 떡이 몸속을 지나는 동안
네 몸은 떡에 담긴 에너지를 받아들여.
그 에너지가 네 심장을 뛰게 하고
팔과 다리를 움직이게 하고 머리를 쓰게 해.

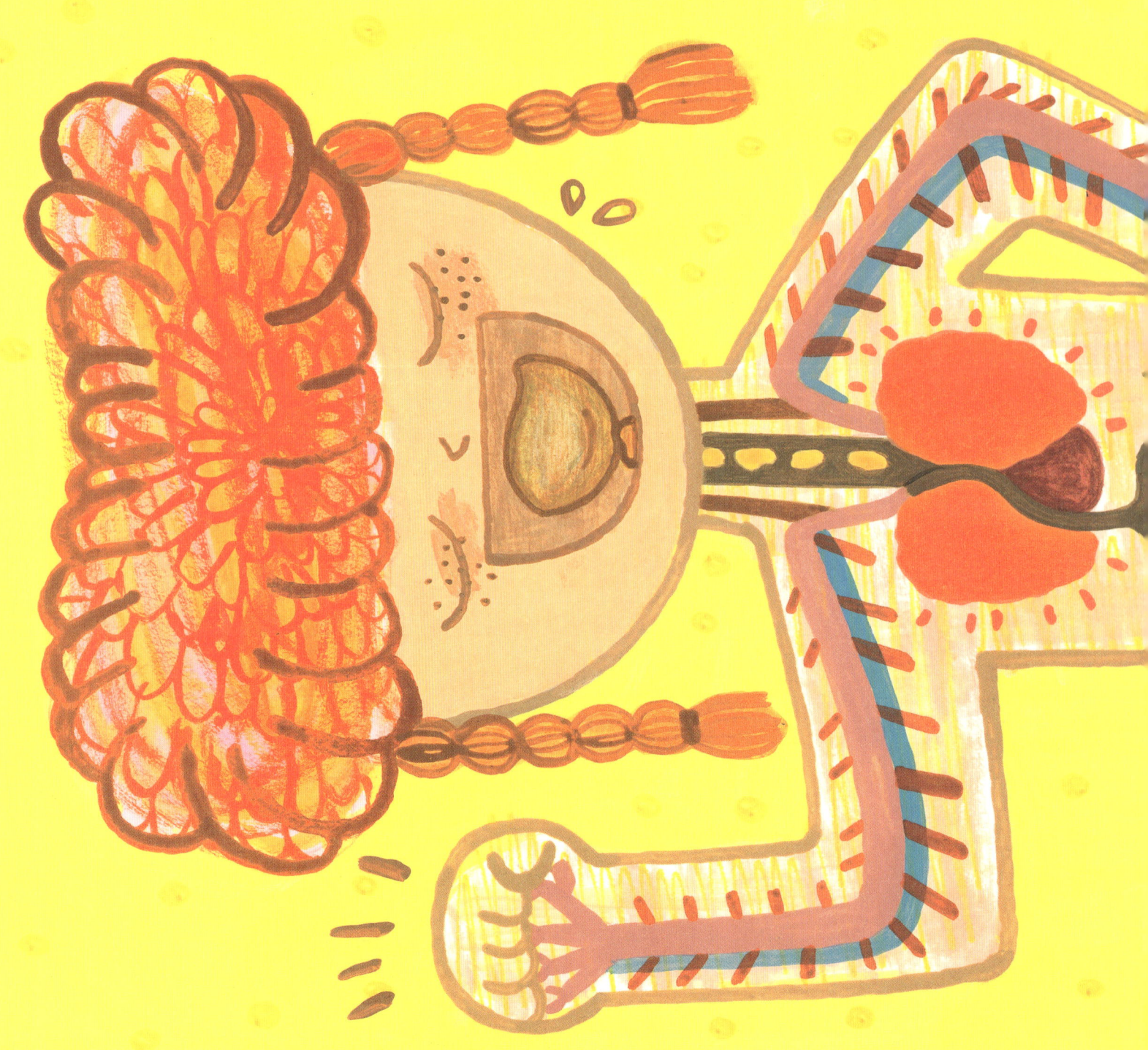

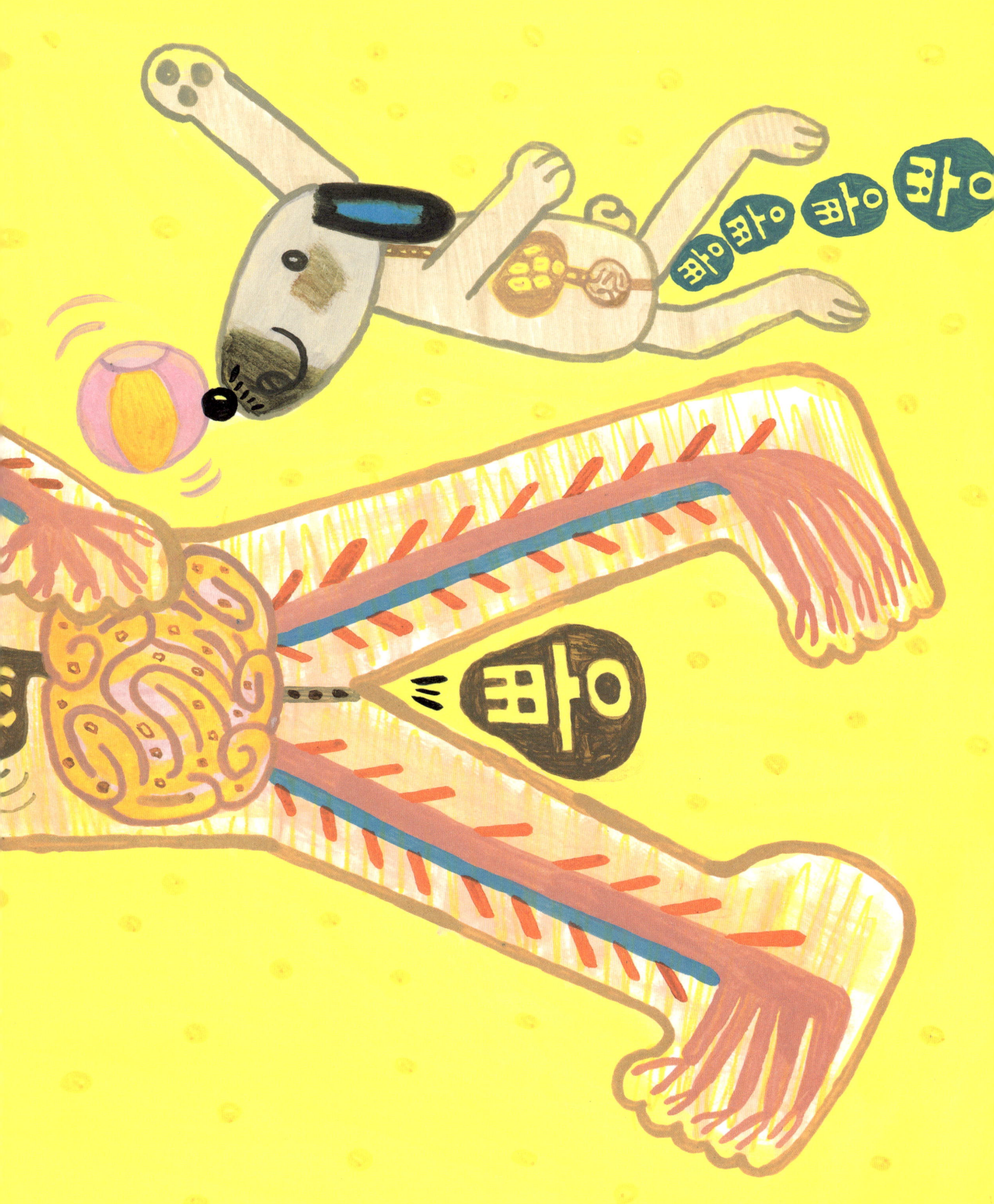

네가 힘차게 달리고
아빠가 너를 하늘 높이 들어 올려 빙빙 돌리고
엄마가 너를 꼭 안아 주는 것은
모두 태양 덕분이야.
내가 강아지랑 놀아 주는 것도!

나는 지구에 살지만
태양을 먹고 사는 태양의 아이야.

태양, 그 찬란한 에너지

태양은 밤하늘에 보이는 수많은 별들과 다를 게 없는 별입니다. 다만 지구와 가장 가까운 별이라서 다른 별들과 달리 커 보이는 것뿐입니다. 가깝다고는 해도 지구와 태양 사이의 거리는 1억5천만 킬로미터나 됩니다. 아폴로 11호가 사흘쯤 날아서 달에 갔는데, 지구에서 달까지 거리는 평균 38만 킬로미터쯤 됩니다. 지구와 태양 사이의 거리는 그 거리의 400배쯤 됩니다. 그렇게 멀리 떨어져 있는 태양은 우리에게 어떤 존재일까요? 이 책은 바로 그 태양에 대한 이야기입니다.

여러 문명에서 태양을 신으로 숭배했습니다. 심지어는 인간의 심장을 도려내 태양에 바치기도 했습니다. 그래야 태양의 기운이 약해지지 않고 제 기능을 한다고 여겼던 거지요. 그들은 태양이 높게 뜨고 오래도록 하늘에 머무는 계절이 오면 식물이 왕성하게 자란다는 사실을 경험으로 알았을 것입니다. 인간을 희생해 태양에 영향을 미치겠다는 믿음은 미신에 불과하지만, 태양이 인간의 삶에 결정적인 역할을 한다는 그들의 생각은 나름 과학적이며 오늘날에도 유효합니다.

우리가 늘 쓰는 에너지를 생각해 보면 태양이 우리에게 얼마나 중요한 존재인지 금방 드러납니다. 우리는 아침에 일어나 머리를 감은 뒤 콘센트에 연결된 드라이어로 머리를 말리고, 역시 콘센트에 연결된 밥솥으로 지은 밥을 먹고, 전기로 충전한 스마트폰을 들여다보며 전기로 움직이는 지하철이나 화석 연료로 움직이는 버스와 자동차를 타고 직장이나 학교에 갑니다. 우리의 삶을 지배하는 이런 에너지는 원자력 발전이나 지열 발전 등을 빼면 거의 대부분 태양에서 옵니다.

태양광 발전은 이름만으로도 태양에서 오는 에너지를 전기로 바꾼다는 게 명확히 드러납니다. 풍력 발전은 바람을 전기로 바꿉니다. 태양이 공기를 데우면 따뜻해진 공기가 위로 올라갑니다. 그 빈 자리를 채우려고 다른 공기가 몰려오고, 그 빈 자리를

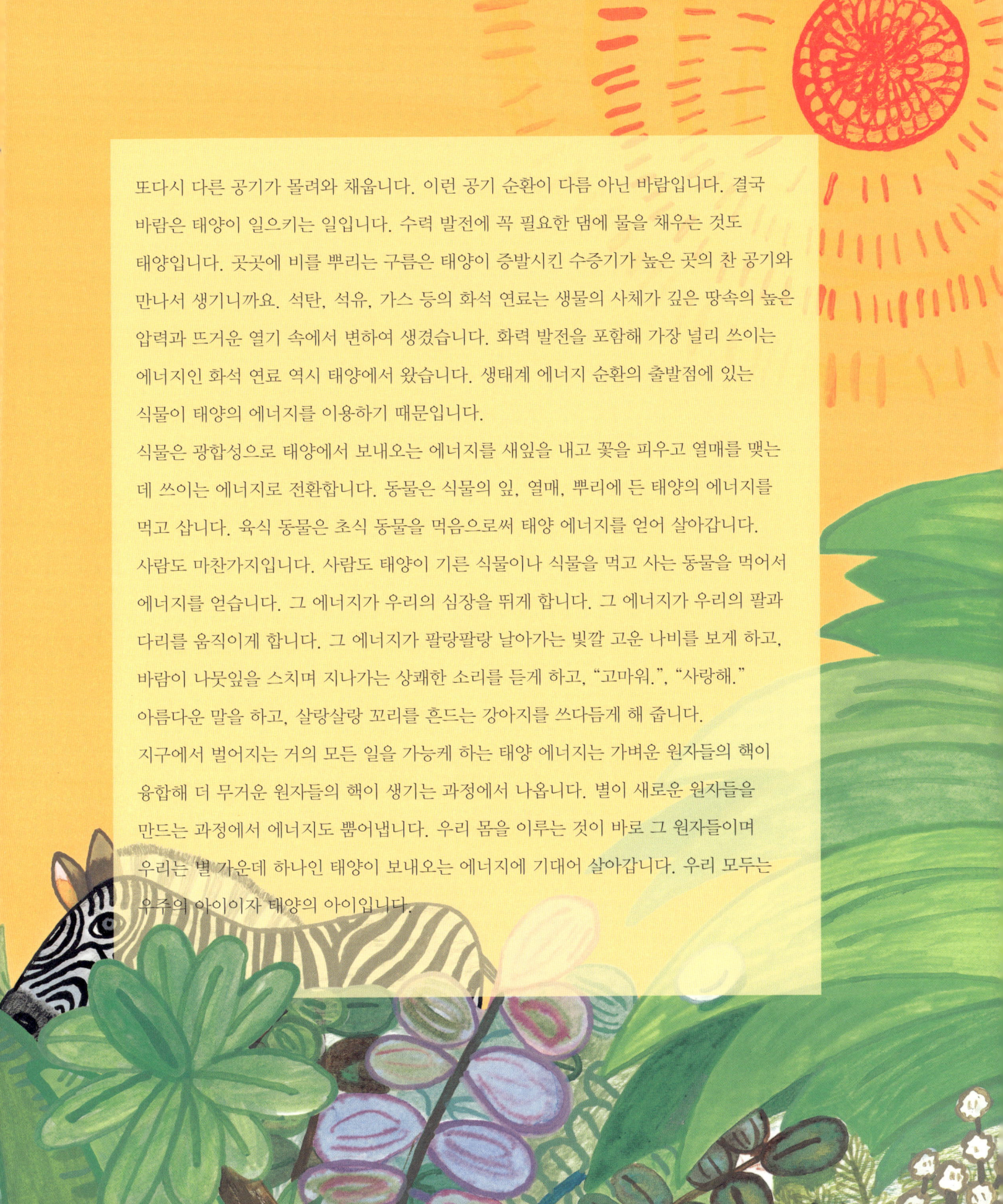

또다시 다른 공기가 몰려와 채웁니다. 이런 공기 순환이 다름 아닌 바람입니다. 결국 바람은 태양이 일으키는 일입니다. 수력 발전에 꼭 필요한 댐에 물을 채우는 것도 태양입니다. 곳곳에 비를 뿌리는 구름은 태양이 증발시킨 수증기가 높은 곳의 찬 공기와 만나서 생기니까요. 석탄, 석유, 가스 등의 화석 연료는 생물의 사체가 깊은 땅속의 높은 압력과 뜨거운 열기 속에서 변하여 생겼습니다. 화력 발전을 포함해 가장 널리 쓰이는 에너지인 화석 연료 역시 태양에서 왔습니다. 생태계 에너지 순환의 출발점에 있는 식물이 태양의 에너지를 이용하기 때문입니다.

식물은 광합성으로 태양에서 보내오는 에너지를 새잎을 내고 꽃을 피우고 열매를 맺는 데 쓰이는 에너지로 전환합니다. 동물은 식물의 잎, 열매, 뿌리에 든 태양의 에너지를 먹고 삽니다. 육식 동물은 초식 동물을 먹음으로써 태양 에너지를 얻어 살아갑니다. 사람도 마찬가지입니다. 사람도 태양이 기른 식물이나 식물을 먹고 사는 동물을 먹어서 에너지를 얻습니다. 그 에너지가 우리의 심장을 뛰게 합니다. 그 에너지가 우리의 팔과 다리를 움직이게 합니다. 그 에너지가 팔랑팔랑 날아가는 빛깔 고운 나비를 보게 하고, 바람이 나뭇잎을 스치며 지나가는 상쾌한 소리를 듣게 하고, "고마워.", "사랑해." 아름다운 말을 하고, 살랑살랑 꼬리를 흔드는 강아지를 쓰다듬게 해 줍니다.

지구에서 벌어지는 거의 모든 일을 가능케 하는 태양 에너지는 가벼운 원자들의 핵이 융합해 더 무거운 원자들의 핵이 생기는 과정에서 나옵니다. 별이 새로운 원자들을 만드는 과정에서 에너지도 뿜어냅니다. 우리 몸을 이루는 것이 바로 그 원자들이며 우리는 별 가운데 하나인 태양이 보내오는 에너지에 기대어 살아갑니다. 우리 모두는 우주의 아이이자 태양의 아이입니다.

🚀 **나는 과학 ❸** 나는 태양의 아이

초판 1쇄 발행 2019년 11월 20일 | **초판 2쇄 발행** 2021년 10월 29일
글쓴이 신동경 | **그린이** 정문주
펴낸이 홍석 | **이사** 홍성우 | **편집부장** 이정은 | **편집** 차정민 · 이은경 | **디자인** 이아진 | **마케팅** 이송희 · 한유리 | **관리** 최우리 · 김정선 · 정원경 · 홍보람 · 조영행
펴낸곳 도서출판 풀빛 | **등록** 1979년 3월 6일 제2021-000055호 | **주소** 서울특별시 강서구 양천로 583 우림블루나인 A동 21층 2110호
전화 02-363-5995(영업) 02-362-8900(편집) | **팩스** 070-4275-0445 | **전자우편** kids@pulbit.co.kr | **홈페이지** www.pulbit.co.kr
블로그 blog.naver.com/pulbitbooks | **인스타그램** instagram.com/pulbitkids
ⓒ 신동경, 정문주, 2019

ISBN 979-11-6172-168-2 74400
ISBN 979-11-6172-097-5 (세트)

이 책의 중앙도서관 출판예정도서목록(CIP)은 서지정보유통지원시스템홈페이지(http://seoji.nl.go.kr)와
국가자료공동목록시스템(http://nl.go.kr/kolisnet)에서 이용하실 수 있습니다.(CIP 제어번호 : CIP2019040598)

* 이 도서는 한국출판문화산업진흥원의 '2019년 우수출판콘텐츠 제작 지원' 사업 선정작입니다.
* 파본이나 잘못된 책은 구입하신 곳에서 바꿔드립니다.

 제품명 아동 도서 | **제조년월** 2021년 10월 29일 | **사용연령** 7세 이상 주의
제조자명 도서출판 풀빛 | **제조국명** 대한민국 | **전화번호** 02-363-5995
주소 서울특별시 강서구 양천로 583 우림블루나인 A동 21층 2110호
KC마크는 이 제품이 공통안전기준에 적합하였음을 의미합니다.
⚠ 종이에 베이거나 긁히지않도록 조심하세요. 책 모서리가 날카로우니 던지거나 떨어뜨리지 마세요.

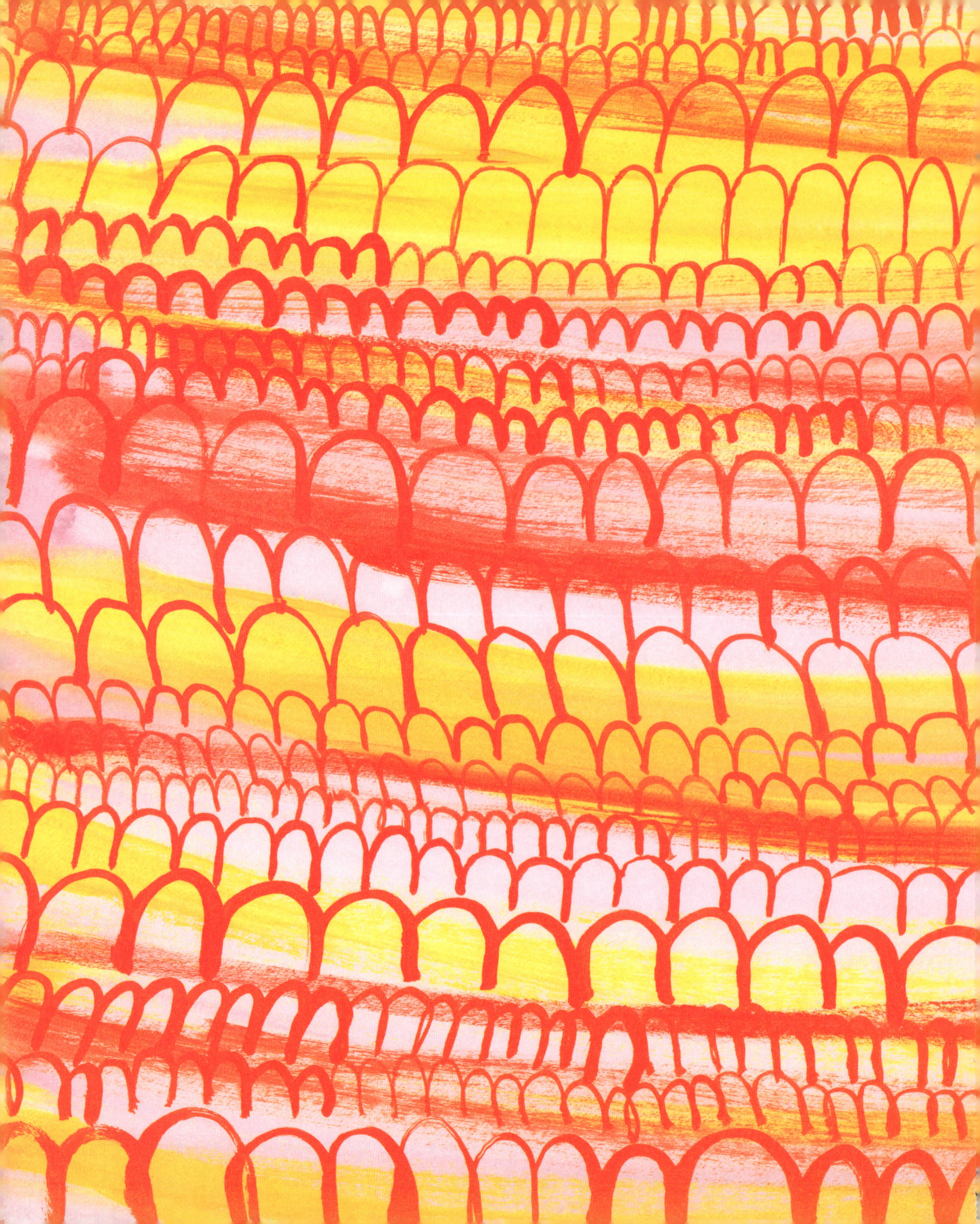